Ursula Ritter

Tiere im Zoo

Dreh- und Fensterbilder

CHRISTOPHORUS

BRUNNEN-REIHE

© 1996 Christophorus Verlag GmbH
Freiburg im Breisgau

Alle Rechte vorbehalten-
Printed in Germany

ISBN 3-419-55803-1

Jede gewerbliche Nutzung der Arbeiten und Entwürfe ist nur mit Genehmigung der Urheberin und des Verlages gestattet. Bei Anwendung im Unterricht und in Kursen ist auf dieses Heft der Brunnen-Reihe hinzuweisen.

Redaktion: Elke Fox
Styling und Fotos: Peter Nielsen, Umkirch
Reinzeichnungen: Uwe Stohrer, Norsingen
Umschlaggestaltung: Network!, München
Produktion: Print Production, Umkirch
Druck: Freiburger Graphische Betriebe, 1996

CHRISTOPHORUS
BÜCHER MIT IDEEN

Inhalt

Ein Besuch im Zoo

Alle Kinder freuen sich auf den Besuch im Zoo. Nirgends kann man so hautnah einheimische und exotische Tiere beobachten. In einem modernen Tiergarten mit natürlich gestalteten Freianlagen erleben und erfahren die Kinder Tiere, die sie in der Regel sonst nur aus Büchern oder Filmen kennen.

Stellte man Tiere in früheren Jahrhunderten lediglich als Kuriositäten und Attraktionen aus, sind die Aufgaben eines zoologischen Gartens heute vielfältig. Der Zoo ist zwar eine Erholungsstätte für Menschen geblieben, aber er ist auch eine Zuflucht für seltene Tierarten geworden, die in der freien Natur vom Aussterben bedroht sind. Der Besuch im Tiergarten soll uns nicht nur Freude bereiten, sondern auch Verständnis für unsere gefährdete Natur und Tierwelt wecken.

Meine Dreh- und Fensterbilder zeigen Ihnen einige der Tiere, die Sie im Zoo erwarten: vielleicht eine Anregung für Ihren nächsten Wochenendausflug. Zu Hause wird dann das Kinderzimmer gern mit den gesehenen Tiermotiven geschmückt.

Viel Freude beim Besuch im Zoo und beim gemeinsamen Basteln!

Ihre Ursula Ritter

Material

Die Dreh- und Fensterbilder werden im wesentlichen aus Fotokarton und Tonpapier angefertigt. Fotokarton eignet sich sehr gut für großflächige Formen, bei denen eine besondere Stabilität notwendig ist, z. B. für Bildträger und große Tiere. Tonpapier wird für kleinere Motivteile verwendet. Weitere Papiersorten: Reborn-Karton, feine Wellpappe, Scherenschnittpapier, Offsetpapier, Dokumentenpapier (Elefantenhaut), Packpapier.
Selbstklebende Markierungspunkte in Schwarz und Weiß werden als Augenpunkte eingesetzt. Sie ersparen das Ausschneiden kleiner Kreise.

Werkzeug und Hilfsmittel

Bleistift, große Papierschere, Silhouettenschere oder Bastelschere, Bürolocher, Graphitpapier zum Übertragen der Vorlagen, Zeichenkarton für Schablonen, Filzstift in Schwarz, Schneideunterlage, Papier- oder Alleskleber, zum Beispiel UHU Alleskleber extra, kleine Wäscheklammern zum Fixieren von Klebestellen, Nähseide, Klebefilm, zum Beispiel UHU film.

Übertragen der Motive

Alle Motive sind auf dem beigefügten Vorlagenbogen in Originalgröße wiedergegeben und können mit Graphitpapier direkt auf die entsprechende Papiersorte übertragen (gepaust) werden. Wird ein Motiv mehrfach angefertigt, emp-

fiehlt sich die Herstellung einer Schablone aus festem Zeichenkarton. Das Motiv vom Vorlagenbogen auf Karton pausen und ausschneiden. Die Schablone auf das Werkmaterial legen und die Umrisse mit Bleistift nachzeichnen.

Ausschneiden und zuordnen

Dreh- und Fensterbilder werden auf Vorder- und Rückseiten ausgearbeitet. In der Regel immer zuerst die Vorderseite, dann die Rückseite deckungsgleich oder wie beschrieben gestalten.
Die Motivteile in der auf dem Vorlagenbogen angegebenen Anzahl ausschneiden und einander zuordnen. Sollen einzelne Teile

mehrfach angefertigt werden, das Papier in zwei Lagen übereinanderlegen und die Teile auf einmal ausschneiden.

Am Fenster anbringen

Das Fensterbild mit einem Aufhängefaden befestigen oder ein Stück Klebefilm so zu einem Ring schließen, daß die Klebefläche außen ist, das Bild damit direkt auf die Fensterscheibe kleben.

Tiger

Material

- Fotokarton in Hellgrün
- geprägter Fotokarton in Orange
- Tonpapier in Dunkelgrün
- Reste von Tonpapier in Braun, Hellgrün und Orange
- Scherenschnittpapier in Schwarz
- Offsetpapier in Weiß

Hilfsmittel

- Bleistift
- Schere
- Bürolocher
- Nähseide in Schwarz

1. Den hellgrünen Bildträger und die Tiger aus Fotokarton, das Blattwerk aus Tonpapier ausschneiden.

2. Die Tiger mit Streifen aus Scherenschnittpapier bekleben. Papierpunkte für die Augen stanzen.

3. Beim Aufkleben der Blätter den Aufhängefaden mit einfassen.

4. Die Rückseite des Fensterbildes deckungsgleich ausarbeiten.

- ◆ Fotokarton
  in Dunkelgrün
  und Hellblau
- ◆ Tonpapier in
  Grau, Ocker,
  Hell- und
  Dunkelgrün
- ◆ Reste von Ton-
  papier in Rot
  und Schwarz
- ◆ selbstklebende
  Markierungs-
  punkte von
  8 mm Durch-
  messer in Weiß
  und Schwarz
- ◆ Reste von feiner
  Wellpappe in
  Grau

Nilpferde

❶ Die große Wiese und die Wasserfläche aus Fotokarton, die Flußpferde und die übrigen Elemente aus Tonpapier ausschneiden.

❷ Die Flußpferde ausarbeiten. Das rote Maulinnere an der Rückseite festkleben. Ohren aus Wellpappe oder Tonpapier aufkleben. Klebepunkte bzw. gestanzte Papierpunkte als Augen und Nasenöffnungen verwenden.

❸ Alle Teile auf dem grünen Bildträger anordnen und fixieren.

❹ Den Aufhängefaden auf der Rückseite anbringen und mit Büschen überkleben.

❺ Die Rückseite des Fensterbildes mit zwei Flußpferden, einem See und Schilfgras ausgestalten.

Hilfsmittel
- ◆ Bleistift
- ◆ Schere
- ◆ Bürolocher
- ◆ Nähseide in Grün
- ◆ Klebstoff

Vorlage
Motiv B

Krokodile

Material

- **Fotokarton in Hellblau und Dunkelgrün**
- **Tonpapier in Hellgrün**
- **Reste von Tonpapier in Weiß, Rot und Schwarz**
- **selbstklebende Markierungspunkte von 8 mm Durchmesser in Weiß und Schwarz**

Hilfsmittel

- **Bleistift**
- **Schere**
- **Nähseide in Blau**
- **Klebstoff**

Vorlage
Motiv C

❶ Die Wasserfläche und die Krokodile aus Fotokarton, das Schilfgras und die übrigen Teile aus Tonpapier ausschneiden, die Krokodile jeweils zweifach.

❷ Zahnreihen und Zunge eines Krokodils an der Rückseite der ersten Körperform fixieren und die zweite Körperform deckungsgleich auf die erste kleben. Weiße und schwarze Klebepunkte als Augen aufkleben. Beine zunächst nur auf den Vorderseiten anbringen.

❸ Schilfgras und Krokodile auf den Bildträger kleben. Das Fensterbild wenden, Beine und Schilf ankleben.

Material

◆ Fotokarton in
   Orange
◆ Tonpapier in
   Weiß und
   Hellgrün
◆ Rest von Tonpa-
   pier in Rot
◆ Tonpapier oder
   Scherenschnitt-
   papier in
   Schwarz

Hilfsmittel

◆ Bleistift
◆ Schere
◆ Bürolocher
◆ Nähseide in
   Gelb

**Vorlage
Motiv D**

Pandabär

❶ Den orangefarbenen Bildträger aus Fotokarton, die übrigen Teile aus Tonpapier und Scherenschnitt-papier ausschneiden.

❷ Den Pandabären der Abbildung entsprechend ausarbeiten. Einen Zweig an der rechten Tatze festkle-ben.

❸ Das Tier und einen weiteren Zweig auf dem Bildträger fixieren.

❹ Das Fensterbild auf der Rücksei-te deckungsgleich ausgestalten und den Aufhängefaden anbringen. Ein Fadenende beim Aufkleben des Pandas mit einlegen, das freie Fadenende mit einem orangefarbe-nen Locherpunkt überkleben.

Flamingos

❶ Die Flamingos ausarbeiten. Für die Augen dunkelblaue und weiße Papierpunkte mit dem Bürolocher stanzen.

❷ Die einander zugewandten Flamingos auf den dunkelgrünen Bildträger kleben und den Aufhängefaden gleich miteinfassen. Den dritten Vogel fixieren.

❸ Teich, Seerosen und Gras aufkleben.

❹ Die Rückseite des Fensterbildes deckungsgleich ausgestalten.

Waschbären

① Die Waschbären aus graumeliertem Dokumentenpapier ausschneiden.

② Vorder- und Rückseiten ausarbeiten. Die buschigen Schwänze an den Seiten fein einschneiden und schwarze Streifen aufkleben. Für die Augen Klebepunkte, gestanzte Papierpunkte und kleine Papierdreiecke aufeinanderkleben.

③ Die Waschbären auf dem Ast befestigen.

④ Die Stege der Blätter in der Mitte schräg falten, so daß die Blattformen zueinander versetzt sind. Auf Vorder- und Rückseite des Astes ankleben.

Material
- Fotokarton in Dunkelbraun
- Tonpapier in Grau
- Reste von Tonpapier in Hell- und Dunkelgrün, Schwarz und Rot
- graumeliertes Dokumentenpapier
- selbstklebende Markierungspunkte von 8 mm Durchmesser in Weiß

Hilfsmittel
- Bleistift
- Schere
- Bürolocher
- Nähseide in Schwarz

Giraffen und Nashörner

Material

Giraffen:

◆ Fotokarton in
Hell- und Dun-
kelgrün, Dunkel-
braun und
Orange
◆ Tonpapier in
Hellgrün,
Dunkelbraun
und Ocker
◆ Rest von Tonpa-
pier in Schwarz
◆ Rest von Pack-
papier

Himmel:

◆ Fotokarton in
Gelb, Hell- und
Dunkelblau

Vorlage
Motive G u. H

Giraffen

❶ Den grünen Bildträger, die
Giraffen und den Baum aus Fotokarton ausschneiden.

❶ Die Giraffen der Vorderseite
ausarbeiten. Flecken aus Tonpapier
aufkleben. Papierpunkte für die
Augen und die Knochenzapfen des
Kopfes mit dem Locher stanzen.

❷ Beim Aufkleben der einzelnen
Elemente vom Hintergrund zum
Vordergrund hin arbeiten: erst den
Baum, dann die Tiere, das Gras
usw. fixieren.

❸ Die Rückseite des Fensterbildes
deckungsgleich gestalten.

❹ Das Fensterbild eventuell durch
Sonne und Wolken ergänzen.

Nashörner

① Die Nashörner aus Reborn-Karton ausschneiden. Die Details aufkleben. Für das große Nashorn Klebepunkte, für das kleine Nashorn gestanzte Papierpunkte bei Augen und Nüstern verwenden.

② Gras und Baumstämme anbringen.

③ Die Rückseite des Fensterbildes deckungsgleich bekleben.

Nashörner:

- Reborn-Karton in Hellgrau
- Fotokarton in Dunkelgrün
- Rest von Fotokarton in Weiß
- Tonpapier in Hellgrün und Braun
- Reste von Tonpapier in Schwarz und Grau
- selbstklebende Markierungspunkte von 8 mm Durchmesser in Weiß und Schwarz

Hilfsmittel

- Bleistift
- Schere
- Bürolocher
- Klebstoff

Material

- Fotokarton in Hellgrün, Ocker und Dunkelbraun
- feine Wellpappe in Dunkelgrau
- Rest von Tonpapier in Grau, Gelb, Orange, Schwarz, Weiß, Rot, Hellbraun, Hell- und Dunkelgrün
- Rest von Dokumentenpapier
- selbstklebende Markierungspunkte von 8 mm Durchmesser in Schwarz

Elefant, Affe und Schildkröten

❶ Alle Tiere zweifach ausschneiden. Beim Elefanten aus feiner Wellpappe darauf achten, daß die Körperformen zueinander spiegelbildlich sind.

❷ Papierpunkte für die Augen ausstanzen bzw. Klebepunkte verwenden.

❸ Die Tiere auf dem grünen Bildträger anordnen und festkleben. Den Aufhängefaden auf der Rückseite anbringen. Ein Fadenende mit einer Banane bekleben, das andere mit dem Elefanten überdecken.

❹ Die Rückseite des Fensterbildes deckungsgleich zur Vorderseite gestalten.

Hilfsmittel
- ◆ Bleistift
- ◆ Schere
- ◆ Bürolocher
- ◆ Nähseide in Grün
- ◆ Klebstoff

Vorlage
Motiv I

Seehunde

❶ Den blauen Bildträger aus Fotokarton, die Seehunde und die Fische aus Tonpapier ausschneiden.

❷ Die Seehunde mit Schnurrbärten, Nasen und gestanzten Augenpunkten ausgestalten.

❸ Den einzelnen Seehund auf die kleine Wasserfläche kleben und dabei den Aufhängefaden mit einfassen.

❹ Diesen Faden an der großen Wasserfläche befestigen und das Fadenende mit einem Fisch überkleben.

❺ Den Aufhängefaden des gesamtem Drehbildes auf der Rückseite des Bildträgers oben festkleben und mit einem dunkelblauen, gestanzten Papierpunkt sichern.

❻ Augen und Schnauzen auch auf den Rückseiten der Seehunde anbringen.

Braunbär, Affen und Panther

- ◆ **Fotokarton in Ocker, Hell- und Dunkelgrün, Hell- und Dunkelbraun**
- ◆ **geprägter Fotokarton in Grau**
- ◆ **Tonpapier in Schwarz, Hell- und Dunkelbraun**
- ◆ **Reste von Tonpapier in Braun, Gelb, Beige, Rot und Schwarz**
- ◆ **Offsetpapier in Weiß**
- ◆ **Rest von feiner Wellpappe in Schwarz**

❶ Alle Bildträger, die größeren Pflanzen und den Braunbären aus Fotokarton, die übrigen Teile aus Tonpapier ausschneiden.

❷ Bei Affen und Panther Papierpunkte für Augen und Nasen stanzen, beim Bären Klebepunkte verwenden. Die Tiere ausarbeiten.

❸ Die Bodenflächen des Affenberges versetzt aufeinanderkleben, die Büsche und den Aufhängefaden mit einfassen. Die Affen auf die Vorderseite, weitere Bananen und Pflanzen auf die Rückseite kleben.

❹ Die beiden Bodenflächen des Panthers deckungsgleich zusammenkleben, Aufhängefaden und Gras mit einlegen. Panther und Gras auf die Vorderseite kleben. Die Rückseite mit Gras dekorieren.

❺ Die Aufhängefäden der beiden unteren Elemente auf dem Bildträger des Bären fixieren und mit dem Baumstamm bzw. mit Pflanzen überkleben. Den Bären aufkleben und dabei den Hauptaufhängefaden mit einlegen. Die Rückseite des Bildträgers mit Büschen bekleben.

◆ selbstklebende Markierungspunkte von 8 mm Durchmesser in Schwarz

Hilfsmittel
◆ **Bleistift**
◆ **Schere**
◆ **Bürolocher**
◆ **Nähseide in Schwarz**
◆ **Filzstift in Schwarz**
◆ **Klebstoff**

Vorlage Motive K, L, M

Papageien

❶ Die Äste und die Körper der Papageien aus Fotokarton, Flügel, Schnäbel, Schwanzfedern und Blätter aus Tonpapier ausschneiden.

❷ Die Papageien auf ihren Ästen befestigen und jeweils die zweite Körperform auf der Rückseite deckungsgleich aufkleben. Bei den unteren Papageien den Aufhänge-faden gleich mit einfassen.

❸ Die Vögel der Abbildung ent-sprechend auf Vorder- und Rück-seite ausgestalten. Klebepunkte als Augen verwenden.

❹ Blüten und Blätter aufkleben. Die Aufhängefäden der unteren Papageien und den Hauptfaden am großen Ast festkleben. Die Fadenenden mit Blättern über-kleben.

Leoparden und Elefanten

Material

Leoparden:

- Fotokarton in Orange und Grün
- Scherenschnittpapier in Schwarz
- Reste von Tonpapier in Hellgrün
- Reste von Offsetpapier in Weiß

Elefanten:

- Reborn-Karton in Hellgrau
- Fotokarton in Hellgrau
- Reste von Tonpapier in Weiß und Dunkelgrau

Leoparden

❶ Die Grünflächen und die Leoparden aus Fotokarton schneiden, für jedes Tier zwei deckungsgleiche Körperformen. Beide Körperformen spiegelbildlich zueinander auf die Arbeitsfläche legen und ausarbeiten.

❷ Die Fellflecken aus mehrfach gelegtem Scherenschnittpapier ausschneiden und aufkleben. Das Gesicht ausgestalten. Bei den kleineren Tieren gestanzte Papierpunkte für die Augen verwenden und die Pupillen mit Filzstift aufmalen.

❸ Den großen Leoparden auf der Grünfläche fixieren, den Aufhängefaden und die zweite Körperform auf die Rückseite kleben.

④ In ausreichendem Abstand die kleineren Tiere auf die gleiche Weise am Drehfaden befestigen.

Elefanten

❶ Die Elefanten jeweils zweifach aus Fotokarton oder Reborn-Karton ausschneiden.

❷ Die Tiere spiegelbildlich zueinander hinlegen und ausarbeiten. Klebepunkte oder gestanzte Papierpunkte für die Augen verwenden.

❸ Zuerst die beiden Teile des untersten Elefanten zusammenkleben, dabei den Drehfaden mit einlegen. Auf Gleichgewicht und auf genügend Abstand zwischen den einzelnen Tieren achten.

◆ Reste von feiner Wellpappe in Grau
◆ selbstklebende Markierungspunkte von 8 mm Durchmesser in Weiß und Schwarz

Hilfsmittel
◆ Bleistift
◆ Schere
◆ Bürolocher
◆ Nähseide in Schwarz
◆ Filzstift in Schwarz
◆ Klebstoff

Vorlage
Motive O u. P

Material

◆ Fotokarton
  in Dunkelgrün

◆ Tonpapier in
  Orange, Hell-
  grün, Hell- und
  Dunkelbraun

◆ Reste von Ton-
  papier in Beige

◆ Rest von
  Scherenschnitt-
  papier in
  Schwarz

◆ Rest von Offset-
  papier in Weiß

◆ selbstklebende
  Markierungs-
  punkte von
  8 mm Durch-
  messer in
  Schwarz

Löwen

❶ Die Bildträger aus Fotokarton, die Löwenfamilie, das Gras und die Steine aus zweifach gelegtem Tonpapier ausschneiden.

❷ Die Tiere und ihre spiegelbildlichen Versionen für die Rückseite des Drehbildes ausarbeiten. Papierpunkte für die Augen stanzen, beim Löwenvater schwarze Klebepunkte verwenden. Den Kopf des Löwenvaters durch die Öffnung der Mähne stecken und die Mähne an den Ohren festkleben.

❸ Löwen, Gras und Steine auf den Grünflächen anordnen und aufkleben.

❹ Die Rückseiten entsprechend ausarbeiten und dabei die Aufhängefäden mit einkleben.

Hilfsmittel
◆ Bleistift
◆ Schere
◆ Bürolocher
◆ Nähseide in Schwarz
◆ Filzstift in Schwarz
◆ Klebstoff

Vorlage
Motiv Q

Neben dieser Auswahl aus der Brunnen-Reihe haben wir noch viele andere Bücher im Programm. Wir informieren Sie gerne - fordern Sie einfach unsere neuen Prospekte an:

■ <u>Bücher für Ihre Kinder:</u> Basteln, Spielen und Lernen mit Kindern
■ <u>Bücher für Ihre Hobbys:</u> Stoff und Seidenmalerei, Malen und Zeichnen, Keramik, Floristik
■ <u>Bücher zum textilen Handarbeiten:</u> Sticken, Häkeln und Patchwork

Wir sind für Sie da, wenn Sie Fragen zu AutorInnen, Anleitungen oder Materialien haben.
Und wir interessieren uns für Ihre eigenen Ideen und Anregungen. Faxen, schreiben Sie oder rufen Sie uns an.
Wir hören gerne von Ihnen! Ihr Christophorus-Verlag

CHRISTOPHORUS
Bücher mit Ideen

Hermann-Herder-Str. 4 / 79104 Freiburg i. Breisgau   Tel: 0761/2717-268 oder Fax: 0761/2717-352